Kuji-Kiri y Majutsu

Arte Sagrado del Mago Oriental

Escrito por MahaVajra

健

F.Lepine Publishing

www.kujiin.com

© François Lépine, 2006 - 2016

ISBN: 978-1-926659-36-7

Índice de contenidos

Introducción

Kuji-Kiri significa "Nueve cortes simbólicos". Es una técnica que pertenece a la tradición esotérica budista. Desde fuera, parece que consistir en dibujar nueve líneas en forma de red, y luego dibujar un símbolo en la red. En realidad, es la colocación de la estructuras de nueve energías, que una vez activadas, pueden fortalecer un concepto representado por el símbolo dibujado sobre la red. Este símbolo entonces interactúa con lo que parece ser la realidad, y modifica la estructura del universo de acuerdo a los efectos deseados.

En otras palabras, las nueve líneas que dibujamos en Kuji-Kiri, son nueve conceptos de energía que ponemos sobre una superficie o en el aire. Esta red aumenta su poder cuando la persona que lo dibuja, ha cargado los nueve poderes en su consciencia. En ese momento, la red dibujada se convierte en una representación de la matriz del mundo, en la cual puede invocar otra energía conceptual.

Un usuario de Kuji-Kiri a veces es llamado majutsushi, que se traduce como mago o hechicero. 真 ma = puro; 術 jutsu = arte; 仕 shi = usuario. Por tanto, usuario del arte puro. Normalmente, los usuarios de Kuji-Kiri son monjes o sacerdotes experimentados de la tradición budista Mikkyo (esotérica), como

Shingon, Ten-Daï, o Shugendo. Pero hay suficientes correspondencias con las formas taoístas para sugerir que llegó a Japón con los budistas chinos que tenían la influencia del camino taoísta. En nuestros días, este arte es mayoritariamente conocido gracias al Ninjitsu, pero los Ninjas no son los únicos que emplean el Kuji-Kiri y Kuji-In.

Kuji-Kiri no es una guía para el desarrollo del poder en nueve pasos. Esto no es una fórmula simple de brujería que funciona al instante si sigues unas reglas básicas. Kuji-Kiri es un arte simple, aunque completo que requiere devoción y dedicación para aprenderlo y fortalecerlo. Una vez que el usuario lo fortalece, el sistema de Kuji-Kiri hará un mago real, de una persona normal, que puede influir ahora los destinos.

Un majutsushi bien entrenado puede hacer exorcismos, ayudar a la gente a sanar, desarrollar habilidades sobrenaturales e influenciar el flujo de los eventos de la vida. Tal usuario del arte puro es responsable del uso que hace del arte de Kuji-Kiri y Majutsu. Es en el estado de respeto, compasión y devoción que el poder de un mago crece.

Notas de pronunciación japonesa: Los símbolos japoneses tradicionales usados en todas las escrituras de majutsu y en los conjuros, incluyendo Kuji-Kiri, se llaman Kanji. Hay otras dos formas de escribir japonés llamadas Katakana y Hiragana, que son los caracteres modernos de escritura japonesa, y se comportan más como un alfabeto. Otra forma de escribir japonés es el Romanji, que consiste en escribir los sonidos usando el alfabeto inglés para escribir la pronunciación, de manera que puedas reproducir fácilmente la pronunciación de las palabras. En este libro, al lado de cada kanji, encontrarás la escritura en Romanji, así como también la pronunciación Katakana o Hiragana, de manera que puedas irte familiarizando con los alfabetos japoneses. Para realizar Majutsu y Kuji-Kiri, debes aprender el símbolo gráfico de cada kanji que desees usar en tu conjuro, pero también la pronunciación de las palabras, usando las claves de pronunciación del Romanji, Katakana y Hiragana.

Palabra comúnmente usada: Jutsu

Kanji: 術

Romanji: Jiyutsu (Ji-yu-tsu)

Katakana: ジュツ

Hiragana: じゅつ

Mayoritariamente usaremos las claves de Katakana, a menos que la palabra sea muy poco común en este estilo, que entonces usaremos el Hiragana.

Visión general de la técnica

El uso de Kuji-Kiri consiste en establecer un vínculo con la matriz del universo, crear un enlace entre las realidades físicas y espirituales. Entonces usaremos este vínculo para interactuar con los varios niveles de consciencia del universo.

Parecerá que el majutsushi dibuja una red, pero en realidad está conectando vínculos entre todos los planos de existencia, utilizando la información de la materia física, fuerzas vivientes, sentimientos, experiencias emocionales, pensamientos mentales, consciencia, dimensión, y procesos creativos, todos al mismo tiempo. Una vez que el vínculo entre todas las fibras que constituyen el universo está establecido, el majutsushi dibujará un símbolo que se utiliza como punto focal para colocar la nueva información en la estructura del universo, y así alterarlo. El dibujo de la red se utiliza para establecer contacto con la matriz, y el símbolo se utiliza para cambiar o poner nueva información.

Para un mayor entendimiento, aquí tienes un ejemplo. En primer lugar, el majutsushi dibuja una cuadrícula de 9 de líneas, en un orden específico, al mismo tiempo que invoca los nueve poderes que estos representan. Esto establece la estructura energética que va a interactuar con la matriz del universo. La primera línea, RIN, se traza de izquierda a derecha, la segunda línea, KYO, se traza de arriba a abajo. A continuación, la tercera línea se dibuja de izquierda a derecha, y la cuarta de arriba abajo, hasta que las nueve líneas son dibujadas. Esto requiere un poco de practica con una pluma y un papel, para conseguir las proporciones adecuadas, cuando lo hagas con los dedos en el aire. La red debe ser dibujada estando en un estado mental sagrado, con concentración y fuerza de voluntad. Las líneas deben vibrar con luz, y aparecer en el plano astral. Esto sucede en el momento que te concentras y lo "deseas".

Una vez que la red está dibujada, el usuario dibujará un símbolo sobre la rejilla. Este símbolo debe haber sido cargado previamente. Digamos que en este caso, vamos a usar el símbolo de la salud. Mientras el usuario está dibujando, colocando nuevas estructuras energéticas, también recitará los mantras o las formulas asociadas a cada concepto, mientras su mente está envuelta en consciencia pura. Si esta red de Kuji-Kiri y el símbolo son dibujados sobre una herida, ésta sanará más rápido. Una vez que la red y el símbolo han sido dibujados, debemos difundir la modulación consciente de la realidad en toda el área/órgano a

afectar. La amplitud del efecto depende de la experiencia y del fortalecimiento del majutsushi.

Una vez que el majutsushi ha cargado los nueve símbolos para crear la red, puede cargar diferentes símbolos y conceptos energéticos para producir varios efectos. Cada vez que un usuario de Kuji-Kiri carga un símbolo nuevo, obtiene un poder nuevo. Cargar un símbolo Nuevo, es cargar un concepto energético completo, y requiere un poco de tiempo.

La red y el símbolo pueden ser dibujados con los dedos índice y mayor, o con una pluma y tinta. Normalmente dibujaremos la red y el símbolo con la mano derecha, pero en ocasiones será útil dibujar con la mano izquierda, aunque es en raras ocasiones. Antes de que puedas dibujar Kuji-Kiri con tu mano, debes cargar el mudra de la espada en tu mano derecha.

Hasta ahora, hemos aprendido que para realizar Kuji-Kiri de una manera eficiente, debemos primero:

- Cargar los nueve conceptos energéticos de Kuji-In con los que se hace la red, y que nos permiten conectar con todos los planos de existencia y usar todas las herramientas disponibles para nosotros.
- Cargar la mano para convertirla en una herramienta mágica de dibujo, lo que nos permite interactuar con la estructura del universo, de manera que puedas usar tu

mano para conectar con la fabrica de la realidad y modularla (cargar nuevo software en la matriz y usarlo)
- Cargar los conceptos energéticos específicos que representan los símbolos

El majutsushi debe tener también alguna experiencia en meditación, y en el manejo de conceptos más allá de las palabras originados en el pensamiento puro. Esta parte es inexplicable. Viene de forma natural con la práctica y la experiencia. Cuanto más lo hagas, más entenderás su funcionamiento.

Cargando Kuji-In

Para empezar a cargar la energía de los nueve Kuji-In, puedes leer otros libros escritos sobre el asunto, como Qi-Gong y Kuji-In, volumen 1. Los volúmenes de Kuji-In 2 y 3 no son necesarios para empezar, pero serán esenciales para los majutsu-deshi serios, el estudiante del arte puro. Un resumen básico de Kuji-In está disponible, al final de este libro de manera que puedas comenzar a cargarlos ya mismo.

Cargando las manos

Carga tu mano derecha hacienda el mudra de la espada (conectando tus dedos anular y meñique con el pulgar, y extendiendo el índice y mayor). Durante 2 minutos, visualiza tu mano brillando con luz, condensando energía poderosa con intensidad, mientras repites las palabras japonesas: Riyoku Te Sei, y visualizando los símbolos Kanji en tu mano. Luego, mueve tu mano derecha en frente tuya, dibujando los símbolos kanji de Poder, Mano y Energía (disponible en la siguiente página), e imagina que realmente estás dibujando estos símbolos en la matriz del universo. Mantén la existencia de estos símbolos, en el plano espiritual delante tuyo, cuando los dibujes, para ello, visualiza los símbolos brillando con luz uno sobre otro al dibujarlos. Todavía no dibujes la red de Kuji-Kiri. Sólo dibuja estos símbolos delante tuyo. Justo cuando estés terminando de dibujar un símbolo, di su palabra japonesa correspondiente en voz alta. Una vez que los 3 símbolos son dibujados, mantenlos ahí otra vez, con tu mano derecha en tu regazo o en frente tuya, y focalízate de nuevo en acumular la energía en tu mano. Haz esta carga de 2 minutos de focalización y dibujo, al menos 3 repeticiones, aunque puedes hacerlo incluso más si lo deseas, para mejorar la carga. Repite este proceso a diario durante 9 días consecutivos. Puedes cargar también tu mano izquierda, después de que hayas cargado la derecha.

Aprende el primer símbolo de Poder porque es el más sencillo. Entonces, cuando estés preparado para aprender el segundo, aprende el símbolo de Mano. Luego, aprende el símbolo de Energía. Este símbolo de Energía representa la Energía espiritual, y no el aspecto de fuerza física de la energía; hay algo "tangible" en esta energía, pero continua siendo Energía espiritual.

Poder	Mano	Energía Espiritual
Riyoku (リョク)	Te (て)	Se-i (セイ)

力　手　精

Cargando herramientas

Una vez que has cargado tu mano, puedes utilizarla para cargar otros objetos, como papel de arroz, tinta, un lápiz, un pincel, o cualquier otro objeto que puedas utilizar durante tu práctica de Kuji-Kiri y Majutsu. Para cargar un objeto, simplemente establece contacto físico con él, o con su contenedor, y visualiza la luz radiante del poder y la energía espiritual entrando en la herramienta (力精 Riyoku Se-i). Puedes visualizar los símbolos en tu mano cargada, irradiando luz blanca en la herramienta a cargar, mientras el símbolo kanji aparece espiritualmente en la herramienta. Si lo deseas, puedes también dibujar físicamente estos kanji en la herramienta, pero solo serán útiles para procesos de carga espiritual. Una vez que las herramientas han sido cargadas, funcionarán para cualquier ritual o práctica que realices. Esta carga te llevará un momento, o unos minutos.

Cargando símbolos

Paso 1: Para cargar un símbolo, tienes que dibujarlo, y meditar en el concepto que representa. Primero, identifica el concepto que representa sin las palabras que lo describen. Ve al sentimiento del concepto lo mejor que seas capaz, y no sólo el pensamiento de él. Una vez que hayas identificado esos parámetros, ve al siguiente paso. También, encuentra un color que encaje con el símbolo, para las visualizaciones. Si no tienes ninguna idea, usa luz blanca. Si no puedes visualizar, entonces usa tu imaginación de otra manera, o simplemente piensa en esto sin acompañarlo de imágenes.

Paso 2: Dibuja el símbolo delante tuya, en el aire, usando tu mano recién cargada. En el japonés, existe un orden y una dirección para dibujar cada línea de un kanji, pero este conocimiento y experiencia no es necesario. Si aprendes más del dibujo de kanji en japonés, simplemente tendrás más recursos mentales invertidos en el Majutsu, lo cual sólo hará una pequeña diferencia a largo plazo. Dibuja el símbolo una vez, luego cierra los ojos y visualízalo delante tuyo, haciéndose más y más poderoso con energía y luz brillante. El símbolo debería mantenerse en frente tuyo de 10-15 segundos. Luego, imagina que el símbolo se acerca a ti, despacito, hasta que entre en tu tercer ojo (frente), y se disuelve en tu cerebro, luego en todo tu sistema nervioso, durante

10-15 segundos. Usa la palabra japonesa como mantra, repitiéndola despacito en tu mente.

Dibuja el símbolo una segunda vez delante tuyo. Mantenlo durante 10-15 segundos. Luego tráelo despacito a tu plexo solar. Permite que el símbolo entre en tu plexo solar e inunde todo tu abdomen con esta energía. Usa la palabra como mantra otra vez.

Dibuja el símbolo una tercera vez en frente tuyo. Mantenlo, luego visualiza el símbolo haciéndose más y más grande, y tráelo a todo tu cuerpo. Envuelve y llena tu cuerpo con la energía del símbolo. Mantén las palabras japonesas (como un mantra) en tu mente.

Paso 3: Medita al menos 15 minutos en la energía y el concepto del símbolo. Sumérgete en el sentimiento de la idea no-hablada del concepto. Mira el símbolo tanto como sea necesario.

Anteriormente, cuando cargaste tu mano, aprendiste 3 símbolos: Poder, Mano y Energía. Puedes empezar con estos tres símbolos si quieres practicar con lo más básico. Aquí hay otros símbolos básicos para que aprendas y los cargues.

Salud	Alegría	Paz
Ken (ケン)	Fuku (フク)	Ta-i (タイ)

健 福 泰

Esta guía contiene varios símbolos. Algunos estarán acompañados de un color sugerido, definición, y contemplación filosófica para una carga óptima. Cuando no se sugiere color, usa tu sentir y tu experiencia. De hecho, incluso cuando los colores sugeridos son de confianza, lo ideal es basar tu elección en tu experiencia y conocimiento de Kuji-In. No puedes convertirte en un usuario del arte puro limitándote a una guía, pero al mismo tiempo deberías considerar la sabiduría de esta guía hasta que tengas experiencia suficiente para hacer tus propias elecciones.

Para cargar un símbolo, se necesitan más de una sesión de 15 minutos. Desde el primer momento que empiezas con la meditación, un símbolo comienza a ser efectivo, pero para una máxima eficacia, debes cargar cada símbolo durante 9 días consecutivos. Se recomienda que la primera serie de kanji que cargues, sea los símbolos: Poder, Mano y Energía Espiritual, cada uno por 15 minutos. Luego, deberías cargar los símbolos de Salud, Alegría y Paz, los cuales son siempre útiles en la mayoría de las situaciones diarias. Puedes cargar tantos kanji al día como desees. Si deseas cargar 6 kanji al día, te llevará 1 hora y media, durante los nueve días consecutivos.

Sugerencia: cuando medites con Poder/Riyoku, no te detengas en el sentimiento de superioridad, sino en el poder del universo. Cuando medites con Mano/Te, piensa en todo lo que sirve para manipular cosas, objetos y energías. Siempre trata de lograr el significado más elevado del concepto, y un rango de aplicación más amplio. En este caso, una mano puede ser una mano física, y la mano filosófica del destino, o incluso la mano de Buddha (o Dios), si reconoces en ti la naturaleza espiritual. Lo mismo sucede con Energía Espiritual/Se-i, deberías intentar permitir a tu Ser Superior revelarte que significa, mientras contemplas las posibilidades de la naturaleza elevada del concepto. La carga de los símbolos se realiza mediante la meditación y la contemplación y no a través de la intelectualización.

En la meditación, es normal que tu mente oscile y se distraiga. Esta es una experiencia normal que viven todos los meditadores a veces incluso durante unos cuantos años. No te preocupes acerca de cuanto tu mente colabora con la experiencia. Cuando te des cuenta que no estás enfocado en la carga del kanji, simplemente regresa e intenta no irte de nuevo. Aún así, probablemente perderás el foco de nuevo, y simplemente regresa de nuevo a la meditación.

Reglas del Arte

El majutsushi deberá conocer, no solo las reglas generales, sino también el arte de Kuji-Kiri. Si bien al principio debemos esforzarnos en seguir las reglas de entrenamiento lo más precisas posibles, cuando el usuario se convierte en un adepto del arte, él debe seguir sus intuiciones. Sin embargo, a menudo, la intuición es invocada como un pretexto, para ridículamente, alterar la forma tradicional en una experiencia delirante del usuario inexperto. Es muy recomendado que sigas la guía hasta que comprendas el sentir de Kuji-Kiri en tu mente y en tu cuerpo.

Una vez que las reglas han sido bien fijadas, es tiempo de des-fijarlas. Cuando has aprendido y practicado mucho Kuji-Kiri, será el momento de deshacerte de las reglas, y permitirte a ti mismo expresar el impulso espontáneo del alma. Sin embargo, no creas que has logrado este nivel de maestría dentro del primer año.

Reglas Generales

Resumen: El mago definirá y activará el efecto deseado, y usará un anclaje físico para vincular el hechizo al objetivo del hechizo. Los **símbolos y signos** son los componentes del hechizo. El **objetivo** es la persona, el objeto o el área a influenciar. El **ancla** es un elemento físico utilizado para unir el hechizo al objetivo.

Símbolos: La forma más efectiva de lanzar un hechizo es utilizar un solo símbolo dibujado sobre un objetivo claro. Cuanto más global es el efecto, más fácil es la invocación, y más eficiente será el hechizo. El símbolo general para la "salud" proporcionará el efecto deseado. En este caso, no es necesario indicar lo que debe ser sanado, como dibujar los símbolos de "riñones sanos," ya que la red, y el símbolo puede ser trazados directamente en los riñones. Se recomienda no utilizar un símbolo para designar un objetivo, a menos que el objetivo no esté al alcance.

Idioma: Aprender japonés como lengua, no es necesario, pero ayudará a lanzar hechizos más complejos. La persona que no hable japonés estará limitada a las redes sencillas, a veces acompañados por algunos símbolos de apoyo. Sin embargo, incluso los majutsushi experimentados a menudo prefieren estos hechizos más simples, ya que suelen ser los más eficientes. Trazar demasiados símbolos diluye el efecto de cada uno, dividiendo la voluntad del mago sobre un hechizo más amplio. Los hechizos múltiples se deben utilizar cuando no se puede conseguir el efecto deseado con precisión, utilizando un solo símbolo, o cuando el objetivo debe ser definido en el hechizo, debido a que no sea accesible.

Objetivo: Si el objetivo se puede ver o tocar, entonces el símbolo simplemente se traza sobre él. Si el objetivo es no está disponible, puedes trazar la red y el símbolo en una foto del objetivo en cuestión, o un papel oficial que lo represente. Cuando el objetivo no está presente, el modo de afectar, es establecer un vínculo con la energía del objetivo. Cualquier objeto que pertenece al objetivo, está teñido de su energía. Una prenda de ropa usada con frecuencia por el objetivo es suficiente para establecer el vínculo entre el objetivo y el hechizo. Cuanto más en contacto haya estado la persona objetivo, con un objeto más fuerte será el vínculo. Las emociones son la materia prima con la que estos vínculos se crean. Por lo tanto, un objeto que fue objeto de fuertes emociones será más útil. Cuanto más fuerte sea el vínculo con la energía del objetivo, menos energía del hechizo se pierde durante la invocación. Debes tener respeto por el objetivo si no es apropiado tocar la zona a afectar (por ejemplo, para curar el cáncer de mama). En tal caso puedes dirigir tu invocación a todo el cuerpo, o usar de un ancla para fijar la invocación sobre el blanco.

Anclas: Para que un hechizo dure mucho tiempo, es útil el anclarla físicamente. Puedes anclar físicamente el hechizo dibujando la red y el símbolo(s) con tinta, tanto en una hoja de papel que el objetivo llevará consigo, o directamente en un objeto que sirva como vínculo con el objetivo. Dibujar sólo en el plano de la energía, tendrá un efecto temporal. Un pergamino puede ser fácilmente pegado a un edificio que sea el objetivo o cerca del lugar que hay que afectar. Las anclas también juegan un papel en invocaciones de hechizos. Si utilizas un ancla y materiales que también apoyen, sostendrán más el efecto del hechizo. Puedes lanzar el hechizo en un tipo determinado de piedra que corresponda al efecto deseado, o usar ciertas fábricas. Puedes perfumar el ancla con esencias aconsejadas en aromaterapia. Puedes anclarlo a otros artículos que correspondan a la energía del objetivo. Las posibilidades son infinitas.

Cuando fabricamos un ancla compleja, lanzar un hechizo en él, lo transformará en un talismán. Puedes encontrar más de estos componentes en otros libros sobre Mykkyo o magia. Lo más importante es que todos los componentes de un ancla deben estar unidos.

Puedes enrollar un pergamino pequeño, colocarlo en un recipiente y atárselo a alguien o a un edificio. Si utilizas una cuerda o una cadena, esta también debe estar presente en la invocación del hechizo, con el fin de que también pueda vincularse, mágicamente, el ancla al objetivo.

Cuando se utiliza un ancla, los hechizos no están afectados por la distancia. En el nivel Retsu de Kuji-In, aprendimos que la distancia parece existir en el mundo físico, pero no existe en la realidad de la conciencia. Un buen anclaje funcionará en todo el planeta, sin importar si sabes dónde está el objetivo o no. Sin embargo, el hechizo tiene su fuerza máxima cuando acaba de ser lanzado, conservará su eficacia y poder durante un tiempo, pero su efecto disminuirá gradualmente con el tiempo. Para que un hechizo pueda trabajar largos períodos de tiempo, se recomienda rehacer el hechizo periódicamente, o puedes repetir las palabras de vez en cuando, mientras sostienes el talismán.

Lleva un poco de tiempo: Dibuja la rejilla y un símbolo en el medio de cualquier lugar, utilizando sólo la visualización para la invocación, sin la presencia del objetivo, aunque presente en la mente del hechicero.

Pero la mejor solución sería: Utilizar elementos cargados, dibujar con el color de la tinta que se recomienda, en un pergamino que se mantendrá en contacto con el objetivo y perfumarlo con los aromas recomendados.

Influencias: Todo lo que hace un invocador cuando lanza un hechizo es influenciar la realidad y la ilusión. Cuanto más experimentado y poderoso sea el mago, más intensamente el hechizo alterará el curso natural de los acontecimientos, incluso más allá de las leyes naturales. Se necesita mucha experiencia para influir en leyes de la naturaleza, y siempre implica el pago de un precio kármico. Es mejor ser compasivos en tu trabajo.

Elementos: Todo en la creación está hecho de las combinaciones de los elementos originales básicos. Aunque los elementos no siempre se requieren para cada hechizo, incluirlos aumentará mucho la eficacia de la invocación. La influencia de los elementos no debe ser el factor principal del hechizo, a menos que directamente esté basada en una propiedad inherente al elemento. Hay cinco elementos desde el origen de la creación, y que componen todas las cosas. Estos elementos son: tierra, agua, aire, fuego y vacío/espíritu. Lleva mucho tiempo cargar la energía de los cinco elementos en tu conciencia y tu alma pero esta carga hace todo muchísimo más poderoso. Aunque un elemento no esté incluido en el hechizo, todos los hechizos invocados por un mago que ha cargado los cinco elementos se verán muy amplificados. El proceso de carga de los cinco elementos requiere el uso de un mala. Este proceso se explica al final de este libro.

Mala: Un majutsushi habitualmente tiene un mala cargado. El mala es un collar de oración budista con exactamente 108 cuentas. A veces hay otras cuentas como punto de referencia para contar, o como una decoración simbólica, pero la vuelta del collar debe tener 108 cuentas (109 semillas en el mala hindú).

El alma (y el mala) del mago con el tiempo deberán ser cargados con los mantras en sánscrito de los nueve Kuji-in. Para cargar un mala el majutsushi, recita cada uno de los nueve mantras, en sánscrito, de Kuji-In un total de 11664 veces contando con su mala. Durante doce días consecutivos, sin faltar un solo día, el majutsushi mantiene su mala y recita el mantra usando las semillas para contar, hasta que haya recitado nueve malas de un único mantra. Un mala tiene 108 cuentas, recitado nueve veces al día (972 mantras) durante un período de 12 días (1164 mantras). Después de haber cargado el primer mantra del Kuji-In (RIN), el majutsushi carga el segundo (KYO) y así sucesivamente...

Después de 108 días, el mala está cargado totalmente, al igual que el majutsushi.

Si el majutsushi pierde o se rompe su mala de forma permanente, él no pierde la carga que puso en él, ésta nunca le dejará. Pero pierde la herramienta física. Un mala cargado sirve de unión física con la matriz, incrementando mucho el poder del efecto cuando corta la red. En tal caso, se recomienda cargar un nuevo mala. Una vez que tu alma está cargada, no tienes que repetir el proceso otra vez, sólo para cargar el nuevo mala. Para cargar un nuevo mala, se debe hacer 9 malas seguidos del mantra a cargar, y tu alma recreará la influencia que tiene sobre este nuevo mala. También puedes hacer un mala al día durante 9 días.

Otros mantras se pueden cargar en el mismo mala. Existen algunos mantras budistas que ayudarán en sus ejercicios al majutsushi. Sin embargo, cada nuevo mantra cargado en el mala utilizado para hacer Kuji-Kiri, te prevendrá de invocar hechizos que están orientados en otra dirección. Cargar el mantra de la compasión impedirá hacer hechizos perjudiciales, pero influirá positivamente en hechizos de cualquier tipo de hechizo compasivo. El mantra de la compasión es **Om Mani Padme Hum**.

Un mala sólo puede ser utilizado por el mago al que le pertenece. Éste debe haber cargado el mala por sí mismo, o en raras ocasiones, un mala puede ser ofrecido por un ser iluminado que es "Uno" en la conciencia con el majutsushi. En cualquier caso, el majutsushi todavía deberá haber cargado los nueve mantras de Kuji-In en su propia conciencia. El majutsushi devoto también tendrá que cargar los cinco elementos. El proceso de los cinco elementos se encuentra al final de este libro.

Preparación: Antes de lanzar cualquier hechizo, el majutsushi deberá cargar en él las energías específicas requeridas para el hechizo. Se hace así:

-Meditar antes de lanzar el hechizo. También se recomienda meditar después de la invocación para el bien del majutsushi.

-Recitar varios malas de los mantras de Kuji-In asociados con el hechizo a lanzar, si se conoce. Normalmente usaremos los mantras de Kuji-in en sánscrito. Los mantras de los elementos también pueden ser usados, incluso si no hay elementos presentes en el hechizo, esto genera materia prima en los planos más elevados.

Invocación: El invocador debe estar relajado antes y después de lanzar el hechizo. En el momento de la invocación, la majutsushi debe aumentar su propia fuerza de manera espontánea y ser poderoso en su comportamiento. Todas sus acciones deben ser hechas con determinación. Sus movimientos no deben ser estresados, coléricos o abruptos, sino que debe proyectar el autocontrol y la fuerza. En el momento de la invocación, el majutsushi, inspira en la gracia y poder, pero no necesariamente con rapidez. Extiende los brazos y el torso, y la invocación comienza.

La red debe ser dibujada con confianza. No debe ser elaborada demasiado rápido, como si se hiciera con sables, sino más bien hecha como si estuviésemos penetrando la fábrica del universo. Sé tan preciso como puedas, pero no te preocupes por la exactitud del gráfico final. No debes permitir que tu mente dude de la distancia de las líneas o de la exactitud de los símbolos. Si dibujas la red y los símbolos, funcionará. La precisión es algo de lo que debes preocuparte cuando practicas, pero en el momento de la invocación real, no debe siquiera pasar por tu mente.

Mientras que se dibuja la red, el invocador debe mentalmente y emocionalmente estar inmerso en la conexión con la matriz del universo. Al dibujar el símbolo, el invocador debe estar mental y emocionalmente inmerso en el efecto deseado sobre el objetivo.

Cuando termines de dibujar el símbolo en el centro de la red, coloca tu palma de la mano entera en la red y repite varias veces la palabra(s) representada por el símbolo(s). La creencia popular es que el majutsushi dibuja una red y un símbolo en el medio del aire, y luego pronuncia una solo palabra, pero en realidad, se recomienda mantener la mano en el centro de la red y recitar el hechizo al menos unas cuantas veces, mientras estás totalmente absorto en el efecto deseado. El conjuro sólo es instantáneo cuando usamos papel y tinta. Si te puedes permitir estar enfocado durante al menos un minuto, el efecto obtenido será mucho más poderoso. En cualquier caso, repite el hechizo tan a menudo como sea posible a fin de alimentar el efecto, la eficacia y la duración. Usa tu mente para extender el efecto del nuevo pensamiento en el área a influenciar.

Un majutsushi muy experimentado puede lanzar un hechizo sin preparación, sin ancla sobre el objetivo, de una manera rápida y sin haber tenido siquiera que pronunciar la invocación en voz alta. Esto requiere práctica y experiencia. En primer lugar, debes comenzar trazando la red lentamente, seguido por el símbolo. Si dibujas varios símbolos, di la palabra o el hechizo completo al final del proceso de trazado. No vaciles al utilizar tu voluntad, pero no permitas que tu corazón e intestinos cedan a la ira o negatividad. El poder puede permanecer puro en intención y voluntad.

Se proporcionan ejemplos de hechizos más adelante en el libro, para que puedas tener una mejor idea de cómo es el proceso completo. Será útil volver a leer todo este documento varias veces.

Formas y Signos

Otras formas y símbolos se pueden utilizar como apoyo a la influencia principal de un proceso. En Kuji-Kiri, aunque el proceso más importante es dibujar un símbolo en la red, es común ver otros símbolos debajo de la red, o en la otra cara de un talismán. Veremos a menudo diferentes formas y signos, acompañados de otros kanji.

Cuando sea posible, trata de dibujar las formas y los signos en el sentido de las agujas del reloj. Dibuja una línea simple de arriba abajo, izquierda a derecha. Dibuja otras formas desde el punto superior izquierdo (o centro) hacia la derecha y abajo. Un triángulo con la punta hacia arriba, se dibuja a partir del vértice superior, hacia abajo a la derecha, luego a la izquierda para regresar al vértice superior. Mientras que un triángulo invertido se dibuja del vértice superior izquierdo al superior derecho, luego hacia abajo al vértice central y de vuelta al vértice superior izquierdo. Cuando se encuentra en el piso, o en horizontal, debes usar el norte magnético para establecer la orientación superior de todo el diseño.

En la intensidad del momento, no esperes dibujar las líneas perfectamente rectas. Hazlo lo mejor posible para que sea lo más simétrica y coherente posible, pero acepta pequeños variaciones, que añadirá estilo al arte. Las formas cerradas (tales como círculos, triángulos, cuadrados,...) no deben tener aperturas o partes incompletas. Las formas cerradas deben estar completamente cerradas cuando se trazan. Por todas estas razones, debes ejercitar tus habilidades de dibujante con tus manos, pero también con una pluma o pincel sobre papel. Tómate algún tiempo para entrenarte haciendo muchos círculos, muchos triángulos, y muchos cuadrados, para que vayas mejorando cada vez más. Entonces, en el momento de un ritual o de lanzar el hechizo, serás más eficaz que si no hubieras ejercitado en absoluto.

Cada forma tiene que ser cargada de la misma manera que los símbolos, la dibujas, frente a ti, disolviéndolas en tu mente/sistema nervioso, tu abdomen y tu cuerpo entero, y meditando. Repite este proceso de carga de las formas por 9 días para su máxima eficacia.

Línea vertical: una línea puede ser trazada verticalmente con el fin de dividir dos efectos, o para establecer un límite de influencia. Este uso no es común.

Línea horizontal: una línea se puede dibujar horizontalmente para indicar una combinación de fuerzas espirituales y físicas, cuando un símbolo se dibuja sobre y debajo de la línea. Una línea horizontal en la parte inferior de una fórmula o hechizo puede indicar que permanece en las leyes naturales o principios físicos, o para traer estabilidad a una situación.

Triángulo: Un triángulo puede se trazado con el fin de promover la expansión de una energía conceptual determinada. Un kanji dibujado dentro de un triángulo va a ser la fuerza en expansión, mientras que 3 pequeños kanji dibujados fuera de sus lados representan el resultado de la expansión. Un triángulo apuntando hacia abajo traerá energías espirituales a un nivel inferior, a planos más tangibles, mientras que un triángulo hacia arriba indica un aumento de la fuerza, un crecimiento, o una experiencia espiritual.

Un buen ejemplo de un triángulo apuntando hacia arriba es dibujar el kanji de fuego dentro del triángulo, luego el kanji de la pureza debajo, el kanji de la armonía a la izquierda y el kanji de la felicidad a la derecha. Coloca todo esto en un círculo y tienes un talismán que purifica energías, emociones y pensamientos, y que traerá una sensación de armonía en tu mente y alegría en tu corazón.

Cuadrado: Generalmente se utiliza en asuntos físicos o tangibles, el cuadrado representa la base espiritual para la forma física. El cuadrado es el bloque arquetipo que compone las estructuras. Se utiliza para trabajar en el plano físico. A menudo es utilizado como la forma más externa. En Mandalas hindúes y budistas, es común ver una base circular en el centro del diseño general, lo que representa acontecimientos o conceptos espirituales, todo englobado en una forma externa en forma de cuadrado que representa el mundo, estructura, o la manifestación física. El cuadrado es a menudo un contenedor filosófico de algún tipo, como el cuerpo físico, una reserva de energía, una casa, u otra.

Cruz: La cruz simétrica es similar al concepto del cuadrado, ya que es también una forma basada en el número 4. Se utiliza para representar una interacción entre los planos físicos y espiritual. También es utilizada para representar la estructura, mientras que el cuadrado se utiliza para representar al contenedor.

Esvástica: Esta forma es la cruz en movimiento, representando el mundo en movimiento. Sus ángulos rectos significa que las energías estructurales están en movimiento. Se utiliza para traer buena suerte, bendiciones y para asegurarse que todos los aspectos de una situación están funcionando correctamente. Es popular en el budismo y en el hinduismo. Se ve a menudo en la mano de una figura santa. Aunque fue popularizada por el movimiento nazi, esto no debe distraerte de la belleza y la integridad de esta forma santa ancestral. La esvástica ha sido utilizada desde los orígenes de las tradiciones espirituales para traer buena suerte, prosperidad y victoria. La esvástica budista, para elevar al ser humano hacia la realidad espiritual, se traza como se muestra aquí. Pero la esvástica hindú se utilizó para traer las energías espirituales a la experiencia tangible y la dirección de las aspas se invierten (como el símbolo nazi).

Pentágono: cuanto más compleja son las formas, se añade más dificultad al proceso de carga y los hechizos. Su comprensión es esencial antes de que puedas utilizarla en un ritual mágico o en un hechizo. Mientras que el cuadrado, basado en el número 4, es el paso final en cualquier tipo de manifestación física en el mundo, el pentágono, basado en el número 5, representa el resultado de una experiencia manifestada. Debes utilizar el pentágono si desea influir en el resultado de una acción física o un proceso estructural. Coloca un kanji dentro de la forma que represente el resultado deseado a obtener, como el resultado de una acción o evento. Si quieres poner kanji o símbolos fuera de la forma, deben describir la manera en que deseas que sucedan las cosas. Si deseas añadir aún más precisión, observa que el lado superior derecho se asocia con la fuerza emocional espiritualizada, el lado superior izquierdo con el entendimiento intelectual, el lado derecho inferior con el lado humano artístico o sensual, el lado izquierdo inferior con la comprensión de la mecánica de los procesos, y el lado inferior se asocia con la acción física, el contenedor o el acontecimiento en sí. Cuando cargues el pentágono por primera vez, debes cargar la forma general, tratando de captar el concepto, sin prestar atención a la función de cada lado. Más tarde, cuando tengas más experiencia, debes recargar el pentágono y recordar los cinco aspectos exteriores mencionados.

Debes evitar el uso de estructuras muy complejas en tus primeros intentos de rituales Majutsu o hechizos. Sin embargo, antes de poder cargar eficazmente formas más elaboradas, como el pentágono o el pentagrama, debes primero cargar las formas básicas como el círculo, triángulo, cuadrado y cruz.

Pentagrama: Al igual que pentágono, el pentagrama se basa en el número 5, es compleja y difícil de entender al principio. Mientras el pentágono es una forma cerrada que abarca toda su área interior, el pentagrama cruza cada línea sobre otras dos líneas, representando la interacción de las fuerzas. Una vez una forma es manifestada o colocada (cuadrado, cruz, 4), se puede poner en movimiento con el pentagrama, que es la forma interactiva de 5 lados. Mientras que el pentágono se utiliza para enfocar y dirigir los movimientos naturales de las cosas, el pentagrama se utiliza para crear una influencia, o para voluntariamente poner una fuerza en movimiento, o para resistir a otra fuerza de modo poderoso. El pentagrama se utiliza para controlar un elemento, para provocar eventos, para aplicar tu voluntad sobre algo, para provocar un movimiento en una situación hasta entonces estancada. El pentagrama es probablemente la forma más difícil de comprender y cargar por completo. Cuando estés listo para cargar el pentagrama, primero

debes cargarlo utilizando sólo el concepto general de puesta en movimiento de la fuerza. Esto será suficiente para usarlo en tu arte colocando un kanji en el centro. Sin embargo, si deseas dar un segundo paso, ten en cuenta que el significado de los espacios exteriores entre cada punta son similares a los lados del pentágono. Para ir un paso más allá, cada espacio entre cada punta funciona de la siguiente manera. La punta superior representa la naturaleza más elevada, el Ser, el aspecto más espiritual. La punta de arriba a la izquierda representa la fuerza bruta o básica en movimiento. La punta arriba a la derecha representa el método o estrategia del movimiento. La punta inferior izquierda representa la manera como la fuerza bruta influirá sobre el acontecimiento físico. La punta inferior derecha representa el sentimiento o carga emocional detrás del movimiento. En cualquier caso, el pentagrama será más eficaz si se carga tres veces, una para la forma general, una segunda vez para el concepto de de los espacios exteriores entre las puntas (como el pentágono) y una tercera vez con el concepto de las áreas internas a las puntas.

En general, ponemos un pentagrama dentro de un círculo para una influencia general sobre cada aspecto. El pentagrama en un círculo es usado en muchos talismanes, y es muy fácil usarlo como medallón. Sin embargo, puedes colocar el pentagrama dentro de un cuadrado, sin que ninguna de las puntas toque el cuadrado, para representar la fuerza puesta en movimiento de la forma más tangible posible. El pentagrama puede ser colocado en el interior de un pentágono, con las puntas tocando o no la forma externa, para lograr la máxima precisión en el efecto del talismán. Sin embargo, debes tener en cuenta que cuanto más complejo es tu talismán, menos eficaz será si no eres capaz de asimilar todos los aspectos de talismán como una forma de pensamiento sola. Por esta razón, debes evitar hacer talismán-pizzas, como un triángulo en el centro de un pentagrama, que está también en el centro de un cuadrado, con un mar de kanji, símbolos, cruces y esvásticas flotando alrededor, de cada esquina libre de un diseño impresionante. Con el fin ilustrar a lo que nos referimos, trata de analizar y comprender todo el concepto mostrado abajo, que se supone que es para aportar riqueza, a través de trabajo fácil, si es dibujado por un majutsushi capaz de trazarlo y mantener todo en mente mientras dibuja y lanza el hechizo del talismán.

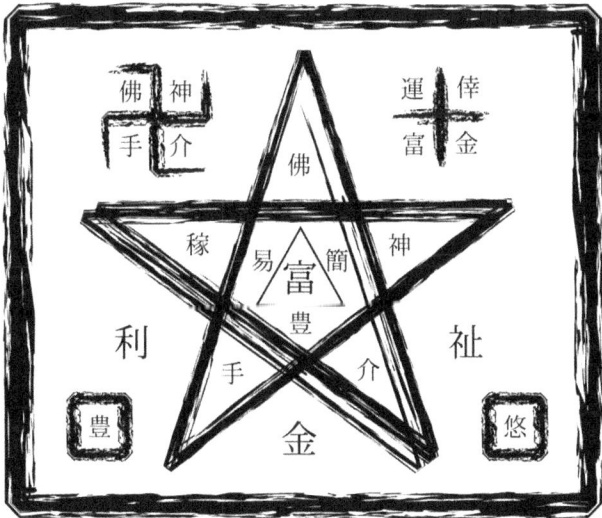

A continuación, se muestra el uso estándar de un talismán de pentagrama. Dejaré que descubras el funcionamiento interno una vez que hayas adquirido mucha más experiencia en Majutsu, pero te diré que tiene que ver con la rectificación del peso kármico, para disminuir la manifestación de sufrimiento en la vida de alguien.

Incluso si no has cargado todos los aspectos de este talismán, su reproducción con una sola carga, aún tendrá efectos positivos. Este talismán se puede dibujar en la otra cara de un pergamino, sobre la red de Kuji-Kiri con el símbolo de la felicidad.

Estrella de 6 puntas: Combinando el efecto de la unión de dos triángulos, podemos deducir que se trata de la unión dos fuerzas expansivas complementarias. El triángulo que apunta hacia arriba, a la realidad espiritual, y el triángulo que apunta hacia abajo, hacia el aspecto físico, se unen en un punto de convergencia y se combinan de forma armoniosa. Esta forma siempre representa la armonía de las polaridades, la colaboración de todos los niveles de una experiencia y la unión de la conciencia en todos los aspectos de una situación. Puede ser utilizado para la unión de un hombre y una mujer, pero te debes abstener de lanzar hechizos que vayan en contra de la voluntad de nadie. También se puede utilizar para fortalecer los vínculos entre los miembros de una familia. Es útil en lo que se refiere a asuntos espirituales cuando deseamos unificar nuestra naturaleza humana y nuestro Ser Superior, o incluso para llevar la presencia del Ser en la experiencia tangible de la vida. Los dos triángulos representan siempre polaridades. El triángulo apuntando hacia abajo proviene del cielo y por lo tanto representa lo masculino, el lado positivo, el día, Yang, encarnación... mientras que el triángulo apuntando hacia arriba viene de la tierra y representa la polaridad femenina, la polaridad negativa, la noche, Yin, la sublimación...

La zona central es el lugar del Ser, del objetivo principal, o el carácter principal actuando en el talismán. Las 6 zonas internas de cada punta representan las fuerzas en acción. Las 6 zonas externas entre cada una de las puntas representan la manera que ocurrirán los eventos, o las energías que acompañan la manifestación.

Las 6 zonas interiores de las puntas, combinadas con las 6 zonas externas, son 12 áreas, cada una con su función. Estos espacios se pueden utilizar para representar los 12 signos del zodíaco, o una serie de símbolos que influirán en la realización de un acontecimiento. Los símbolos también se pueden colocar encima de cada vértice si hay espacio, para representar el resultado de las fuerzas internas trabajando en el interior de cada punta. Recuerda que el exceso de complejidad puede alejarte de tu objetivo. Cuanto más simple es un talismán, mejor es.

La estrella de 6 puntas es siempre existencial en su uso. Raramente se usa en la magia oriental. Debido a sus propiedades de vínculo, no se hizo popular entre los magos budistas que promueven el no-apego. Donde los hindús querían unificar el cuerpo y el Espíritu, los budistas deseaban desapegarse de todas las cosas materiales, incluyendo su propio cuerpo, eventualmente. Sin embargo, es útil utilizar esta forma para situaciones de familia, en un grupo, en una comunidad o en una relación.

Cargar kanji de Kuji-In

Antes de cargar más símbolos, debe cargar los nueve kanji básicos de Kuji-in, simplemente para que estén más presentes en tu práctica de Kuji-Kiri, y hacer más eficaz el trazado de la red.

RIN (Cara, Conocer)   KYO (Estrategia)   TOH (Combate)

Rin (リン)   Hiyou (ヒョウ)   TOu(トウ)

臨 兵 闘

SHA (Persona)
Shia (シャ)

KAI (Todo)
Kai (カイ)

JIN (Posición)
Jin (ジン)

者 皆 陣

RETSU (Dividir, línea)
Retsu (レツ)

ZAI (Existir)
Zai (ザイ)

ZEN (En frente)
Zen (ゼン)

列 在 前

Ejemplos de aplicaciones

Hoy en día, la aplicación popular de Kuji-Kiri es acompañar el tratamiento médico convencional para beneficiar la salud, o para proteger una casa. Sin embargo, cubriremos varios ejemplos para que puedas comprender las reglas generales. Sin embargo, no es suficiente conocer las reglas, tienes también que practicar un largo período, para que sincronices tu visualización, tus gestos y tu voluntad.

Ritual Simple

Este es un ejemplo de cómo un usuario puede establecer un círculo de protección para su casa. El símbolo de protección será el principal símbolo dibujado en la red, y el símbolo de la armonía acompañará el talismán, trazado sobre una hoja de papel de arroz. Consideramos aquí que los símbolos de protección y armonía han sido cargados por el usuario, a través de meditaciones previas. El pincel, la tinta y la hoja han sido previamente cargados por un corto tiempo, justo antes del ritual.

- El usuario ha preparado un pincel tradicional japonés, una hoja de papel de arroz y la tinta negra. Está en su casa. Se puede encender una vela blanca e incienso suave.

- El usuario medita sobre los símbolos de protección y armonía durante cinco minutos, y su radiación invadiendo su casa, utilizando como mantra las palabras japonesas (Ei ... wa ...). Un majutsushi muy experimentado no tiene que meditar antes de hacer un proceso de Kuji-Kiri, especialmente si está en un estado permanente de meditación.

- El usuario saldrá lentamente de su estado de meditación, para evitar dar un shock en su sistema nervioso, pero no pierde su enfoque en el concepto que está cargando.

- El usuario entra con fuerza de voluntad, en un estado mental poderoso, toma una respiración profunda, endereza su columna vertebral unos instantes y abre bien los ojos.

- Inmediatamente toma el pincel y dibuja la red de Kuji-Kiri en la parte superior de la hoja de papel de arroz, mientras recita las nueve sílabas (la visualización de los Kanji de Kuji-in no es esencial y sería difícil, dada la velocidad de trazado). Esto debe hacerse de manera decisiva, pero no violenta.

- El usuario toma más tinta y dibuja el símbolo de protección en el centro de la red. No es necesario que un símbolo toque todas las líneas, sino encontrarse dentro. En la última pincelada(s) del símbolo, pronuncia o grita la palabra japonesa (Ei) con mucha fuerza de voluntad en su voz y su mente.

- A continuación, dibuja el símbolo de armonía debajo de la red, manteniéndose concentrado, pero poniendo menos voluntad e intención. Durante los últimos trazados, pronuncia o grita la palabra en japonés (wa). La voz debe imitar la actitud de la palabra, por lo que no puede haber enfado gritando "¡Wa!!!". En este caso, una pronunciación suave pero decidida es lo recomendado.

La hoja del talismán ya está cargada y lista para fijarse a una parte de los cimientos de la casa. Si la casa va a estar bajo una amenaza específica, entonces sería aconsejable hacer varios de estos talismanes, de pequeño tamaño, para colocarlos en la parte superior de cada ventana y puerta.

Ritual Complejo

Para este ejemplo de ritual, el majutsushi hará una bendición de abundancia para otra persona, de manera que la persona lo pueda llevar con ella.

El mago tendrá un pincel y tinta negra. Preparará un papel de arroz cortado de 5x5 cm de tamaño. Se dobla la hoja en cuatro, de modo que cuando se despliega, las marcas de los pliegues sigan siendo visibles, formando cuatro cuadrados de 2.5x2.5 cm. La relación con el número 4 debería estar clara ya en este punto. El objetivo de este proceso es para traer energías de manifestación al plano físico.

También tendrá una botella de aceite esencial de naranja o de otra planta que represente la abundancia. Usará una pequeña bolsa de tela para poner el talismán doblado. Encenderá cuatro velas de color naranja o blanco en cada dirección, alrededor del mago y del área del hechizo. Para este ritual, el mago necesita una pequeña foto de la persona que es el objetivo y que llevará el talismán en la bolsa. La foto se coloca sobre el altar, una mesa o la zona del hechizo. El papel del talismán se coloca sobre la foto. El objetivo de la foto también se cargará cuando el mago dibuje los símbolos sobre el papel.

El usuario hará lo mismo que en el ritual simple anterior, con los símbolos de abundancia, riqueza y felicidad. Saldrá de su estado de meditación para dibujar la red en el interior del papel de 5 x 5 cm. Luego lanzará el símbolo de riqueza en la red, de forma decisiva y artística, gritando "FU" en la última pincelada. Luego soplará sobre la tinta para se seque más rápido. Mientras que sopla durante un minuto, podrá transmitir más energía al talismán visualizando la vibración de la riqueza penetrando en el talismán a través del el aire soplado. Cuando la tinta esté lo suficientemente seca, el mago doblará el talismán una vez, doblando el lado izquierdo sobre el lado derecho. Añadirá una gota de aceite esencial, previamente cargado. Luego doblará la parte de arriba hacia abajo, obteniendo así el formato final 2.5 x 2.5 cm. En el lado principal, dibujará el kanji de la abundancia, soplará para que se seque, mientras que lo carga con más energía de abundancia. Entonces, le dará la vuelta al talismán para exponer la parte posterior, donde trazará el símbolo de felicidad. De nuevo, soplará para ayudar a la tinta a secar más rápido.

La foto del objetivo y el talismán se colocarán juntos en una pequeña bolsa de tela, u otro recipiente adecuado. El uso de la foto es para continuar el efecto en el objetivo aun cuando no se lleva puesto el talismán, o cuando no está cerca del objetivo.

Si lo desea el Majutsushi, puede dedicar un poco de tiempo para explicar al receptor lo que hizo. Es sabio sembrar semillas de conciencia en las mentes de los que están listos para entenderlo. Sin embargo, se humilde y diligente con las personas mayores, o aquellos que puedan ofenderse con los detalles del arte.

Apéndice de Símbolos

Relacionados con RIN

El primer conjunto de símbolos están relacionados con las experiencias típicas del chakra base. Estos símbolos deben visualizarse en rojo, ya sea brillante, ardiente o una luz roja golpeante, dependiendo del tipo de efecto deseado. El chakra base maneja todas las áreas relacionadas con estar vivo, poderoso, y presente en el cuerpo. Está relacionado con temas de seguridad física, actitudes genéticas y mucho más. Todo lo que cubre el capítulo del Kuji-In RIN relacionado al chakra base.

Confianza	Fe	Vida
Shin (シン)	Ko-u (コウ)	Mei (メイ)

信 仰 命

Relacionados con KYO

El segundo conjunto de símbolos se asocia sobre todo con el chakra ombligo. Estos símbolos pueden ser visualizados en naranja, para propósitos internos, y con flujos de luz blanca, para la interacción con el mundo. Ten en cuenta que si deseas elevar la energía interna del alguien, debes usar la visualización naranja de propósitos internos. El hecho de que tu objetivo sea otra persona, no significa que se trate de una aplicación de tipo "interacción". La visualización no depende de cómo el objetivo/receptor se relaciona contigo, sino como está relacionado con el efecto deseado. La segunda serie de símbolos están relacionados con experiencias similares al Kuji-In KYO.

Control	Maestría	Justicia
Katsu (カツ)	Shiyu (シユ)	Gi (ギ)

轄　　主　　義

Relacionados con TOH

Los símbolos tipo de TOH deben visualizarse en luz blanca. Su fuente es el interior del abdomen, el dan tian. Se puede visualizar en el abdomen, o alrededor del cuerpo o alrededor del objetivo. Se utiliza para conquistarse a uno mismo, para luchar nuestros demonios internos. Sólo cuando logramos la victoria interna, podemos lograr la victoria externa.

Victoria	Armonía	Protección
Shiyou (ショウ)	Wa (ワ)	Ei (エイ)

勝　和　衛

Relacionados con SHA

Los símbolos asociados con SHA deberán ser visualizados en amarillo para asuntos intelectuales, y dorado para los asuntos espirituales o temas de sanación. Está relacionado con el plexo solar.

Salud	Iluminación	Determinación
Ken (ケン)	Shiyou (ショウ)	Ketsu (ケツ)

健 照 決

Nota: El signo de Victoria en la serie de Kyo se dice de la misma forma que brillar/iluminar, de la serie de Sha. Son como homónimos. Lo mismo sucede para muchos otros, como la palabra "Shin" para confianza, y corazón.

Relacionados con KAI

Los símbolos de KAI se visualizan en verde esmeralda brillante. Están relacionados con el corazón. Se usan para descubrir el Amor interno. Sólo entonces puede ser expresado afuera.

Amor	Afecto	Corazón
Ai (アイ)	Ji (ジ)	Shin (シン)

愛　慈　心

Compasión

Dou (ドウ) Jiyou (ジョウ)

同情

Relacionados con JIN

Los símbolos asociados con JIN deben ser visualizados en azul eléctrico brillante. Están relacionados con el chakra de la garganta. Se centran en la comprensión de uno mismo, compresión del mundo, conocimiento, expresión...

Comprensión	Conocimiento	Sabiduría
Chi (チ)	Kaku (カク)	Ei (エイ)

知　覚　叡

Relacionados con RETSU

Los símbolos relacionados con Retsu deben visualizarse en verde oscuro, o verde jade luminoso. Están asociados con la puerta jade, detrás del cráneo. El objetivo de estos símbolos tiene poco sentido para los espiritualistas sin experiencia. Están relacionados principalmente con la percepción, dimensión, el espacio y tiempo.

Percepción	Espacio	Tiempo
Nin (ニン)	Ku-u (クウ)	Ki (キ)

認　空　期

Relacionados con ZAI

Los símbolos asociados con ZAI deberán visualizarse como luz radiante índigo oscuro, como un destello blanco / malva, con un haz de luz de negra. Estos símbolos están relacionados con el tercer ojo, con los conceptos de espiritualidad y creación.

Crear	Elemento	Origen / fuente
Sou (ソウ)	so(ソ)	Gen (ゲン)

創　素　元

Un elemento base/original es también Genso (ゲンソ) 元素

Un ser elemental es Gensoshia(ゲンソシャ) 元素者

Relacionados con ZEN

Los símbolos relacionados con ZEN deberían ser visualizados como una luz radiante, sobre todo blanca y dorada. Están relacionados con el chakra de la corona.

Buddha	Verdad	Cielo
Butsu (ブツ)	Shin (シン)	Ten (テン)

佛　真　天

Meditación	Ángel / Celestial
Mei (メイ)	Tenshi (テンシ)

瞑　天使

Los Elementos

Tierra	Agua	Viento
Chi (チ)	Sui (スイ)	Fu (フウ)

地　水　風

Fuego	Vacío
Ka (カ)	Ku-u (クウ)

火　空

Otros Kanji úitles

Palabra	Romanji	Katakana	Kanji
Abundancia	Ho-u	ホウ	豊
Aceptación	Yo-u	ヨウ	容
Buddha	Butsu	ブツ	佛
Perdón	Shia	シャ	赦
Físico	Tai	タイ	体
Reconocimiento	Nin	ニン	認
Relación	Chiyu-u	チュウ	仲

Responsable / respuesta a	Seki	セキ	責
Responsabilidad / deber	Nin	ニン	任
Sinceridad	Sei	セイ	誠
Espíritu / alma	Rei	レイ	霊
Riqueza	Fu	フ	富

Para más kanji, deberás buscar en la web, o comprar un diccionario de kanji. Cargar todos los kanji de este libro, en el orden sugerido, te dará la experiencia más directa de lo que es convertirse en un majutsushi.

Kuji-In

Para aquellos que todavía no están muy interesados en desarrollar el potencial completo de Kuji-In, aquí está la guía más básica introductoria. Kuji-In es un arte que convierte al practicante en un ser supernatural. Sin, embargo, para los curiosos, esta pequeña introducción, será suficiente para la carga básica de la red de Kuji-Kiri.

Sólo se proveen la pronunciación japonesa de los mantras. Los mantras originales en Sánscrito son para los usuarios más devotos de Kuji-In.

Ponte en un estado de relajación o meditativo, luego pon las manos en la forma del mudra sugerido, y repite el mantra por largos periodos, mientras contemplas los principios filosóficos resumidos o cada paso de Kuji-In.

Cada Ji-In (sílaba del sello) debe ser practicada como mínimo unas cuantas horas para que tu alma se cargue con la energía spiritual que invoca. El corte de la red es casi inútil antes de hacer este proceso. Sólo es cuando Kuji-In se activa en ti, que la red realmente interfiere en la fábrica del universo mientras dibujas.

1- RIN

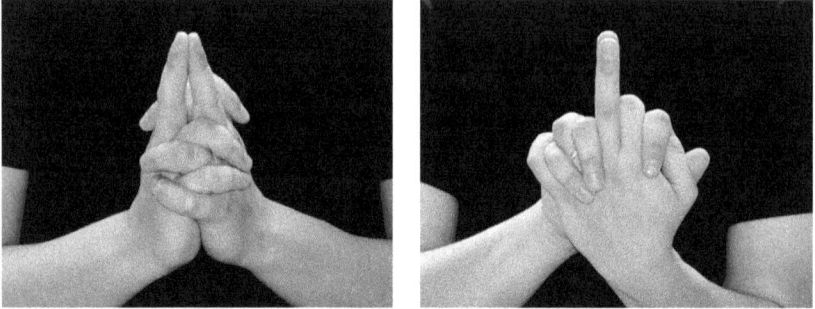

Extiende tus dos dedos medios y entrelaza los demás dedos.

Chakra: Base

Mantra jp: On baï shi ra man ta ya sowaka

El set de RIN se usa para fortalecer tu mente y tu cuerpo. Este set de Kuji-In debe realizarse antes de que cualquier otro set de Kuji-In sea verdaderamente efectivo. El Kuji RIN actúa como un tipo de gancho a la Fuente Última de todo Poder. Al conectarte con esta energía Divina, el Kuji RIN fortalece tu mente y tu cuerpo, especialmente en colaboración con las otras prácticas de Kuji-In. Una conexión más fuerte con la fuente de energía Divina, te hará más fuerte en todos los niveles. Por favor ten en cuenta que este set puede elevar la temperatura de tu cuerpo.

2- KYO

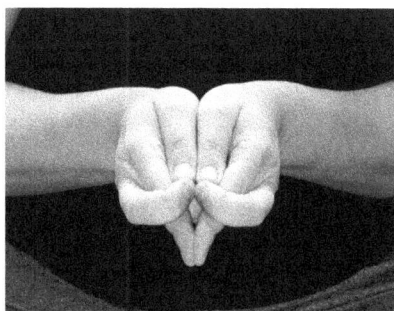

Extiende tu dedo índice y dobla tu dedo medio sobre el dedo índice de manera que la huella de tus pulgares los toquen. Entrelaza todos los demás dedos.

Chakra: Hara/Ombligo
Mantra jp: On isha na ya in ta ra ya sowaka

KYO activa el flujo de la energía dentro de tu cuerpo y fuera de él, en tu entorno. Este Kuji te ayudará a aprender a dirigir la energía por tu cuerpo, y eventualmente fuera de él, de manera que puedas manifestar tus deseos en el mundo real. Aunque la fuerza de voluntad dirige la energía, no debes empujar muy duro con tu ella. La fuerza de voluntad que se usa para dirigir la energía debería ser algo así como "desear mucho algo" más que "tratar de dominar algo, o empujar con fuerza paralizante". Incluso cuando uses tu fuerza de voluntad para conseguir algo, debes estar siempre en paz y relajado.

3- TOH

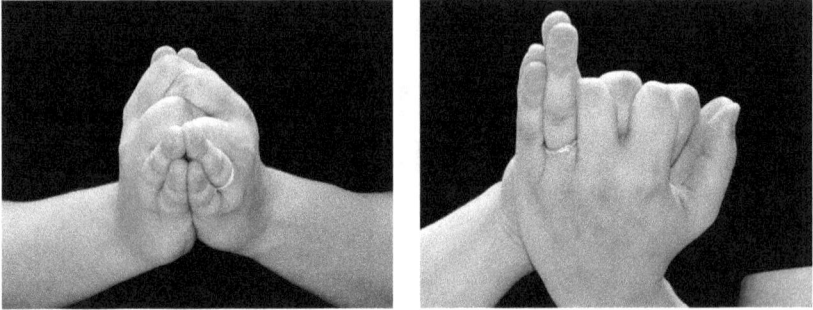

Une tus pulgares y los dos últimos dedos de ambas manos mientras mantienes tus dedos índices y medios entrelazados por dentro de tus manos.

Chakra: Dan-tian, entre el Hara y el Plexo Solar
Mantra jp: On je te ra shi ita ra ji ba ra ta no-o sowaka

Al practicar TOH, desarrollarás tu relación con tu entorno inmediato, y eventualmente con el universo entero. Según practiques, comienza a llenarte con energía y luego rodéate a ti mismo con esta energía (esto se consigue visualizando que está sucediendo). Este es el Kuji de la armonía. Te enseña a aceptar los eventos exteriores de la vida y permanecer en paz en el interior. Siempre respira profundo hacia tu abdomen, naturalmente, sin esfuerzo.

4- SHA

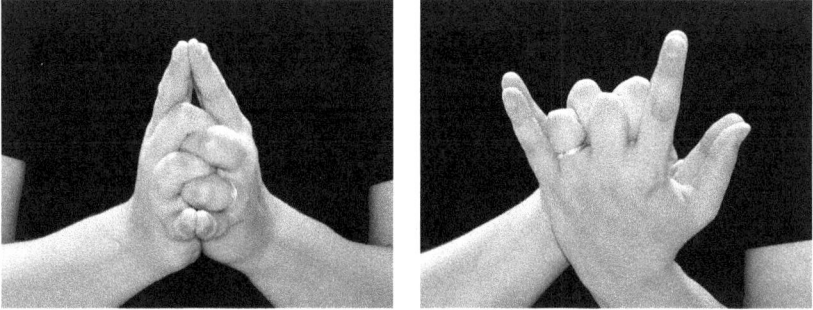

Extiende tus dedos pulgares, índices, y pequeños. Entrelaza tus dedos medios y anulares dentro de las manos.

Chakra: Plexo Solar
Mantra jp: On ha ya baï shi ra man ta ya sowaka

Con este Kuji, se incrementará la habilidad sanadora de tu cuerpo. Según practiques este set, tu cuerpo se hará más eficiente en la reconstrucción diaria y sanación. Este incremento en la eficiencia de la sanación es el resultado de los altos niveles de energía circulando a través de tus canales de energía (meridianos) y tu plexo solar. Esta vibración sanadora eventualmente se radiará alrededor tuyo, provocando que otras personas sanen cuando pases tiempo con ellas.

Entrelaza todos los dedos, con la punta de cada dedo presionando la raíz del dedo opuesto.

Chakra: Corazón

Mantra jp: On no-o ma ku san man da ba sa ra dan kan

Este Kuji aumentará tu consciencia y te ayudará a desarrollar tu intuición. El mudra es conocido como "los vínculos externos". Los vínculos externos son las corrientes de energía que preceden cada evento, incluso por un instante. Son la influencia específica del mundo externo que produce cada una de tus experiencias.

La intuición es un poderoso aliado; es la manera en la que percibes lo que tus sentidos registran de tu contacto con el entorno, y de la gente alrededor tuyo. Este set aumentará tu intuición y te ayudará a amarte a ti y a los demás.

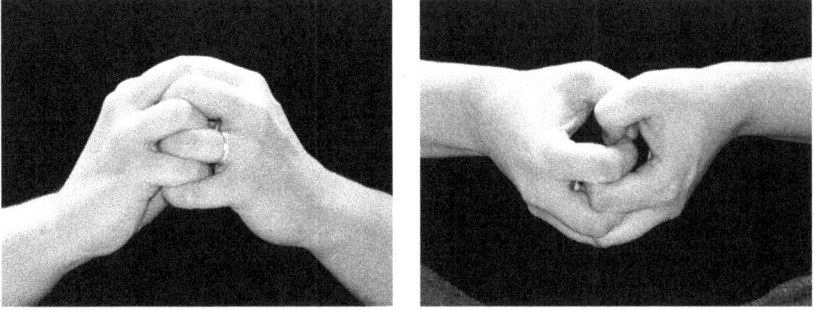

Entrelaza todos tus dedos, con las puntas hacia dentro, cada uno tocando la punta equivalente del dedo de la otra mano, si es posible.

Chakra: Garganta

Mantra jp: On aga na ya in ma ya sowaka

Los "vínculos interno" son las Corrientes de energía dentro de ti que te conectan con tu Verdadero Ser. Tenemos la habilidad de saber lo que las otras personas están pensando. Al ir muy profundo en ti, al lugar de la no palabra, podrás entrar en contacto con el mismo lugar en los demás. Cuando haces esta conexión, podrás oír los pensamientos de la otra persona sin palabras, o podrás aprender a comunicarte a través de conceptos, comúnmente se le llama telepatia.

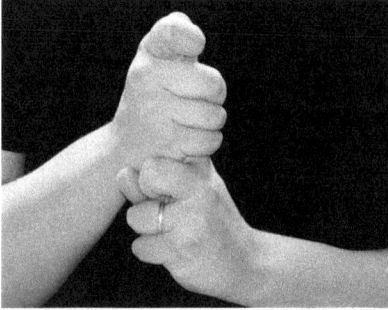

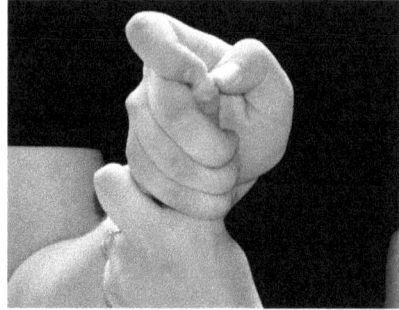

Señala con tu índice izquierdo hacia arriba. Abraza tus dedos derechos alrededor de tu dedo índice izquierdo. Coloca la punta de tus dedos pulgares e índices derechos en contacto con la punta de tu índice izquierdo. Los dedos de tu mano izquierda están con el puño cerrado.

Chakra: Puerta Jade, detrás de la cabeza
Mantra jp: On hi ro ta ki sha no ga ji ba tai sowaka

Después de practicar los ejercicios de Kuji-In durante algún tiempo, alterarán tu percepción de la material bruta de manera que serás capaz de percibir los diferentes flujos de energía que componen nuestro multi-dimensional universo espacio-temporal. Según la teoría de la relatividad, cuando la masa acelera, el tiempo disminuye, por lo que si tu energía está fluyendo, y aplicas tu fuerza de voluntad, tu masa se acelera, el tiempo va más despacio para ti y puedes simplemente cambiar (o dirigir) el flujo/ o movimiento de tu cuerpo a través del espacio.

8- ZAI

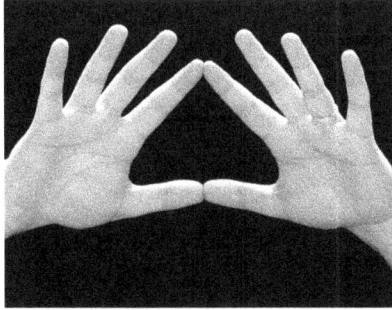

Toca la punta de tus pulgares y dedos índices para formar un triángulo, mientras el resto de tus dedos están separados.

Chakra: Tercer Ojo
Mantra jp: On Chi ri Chi i ba ro ta ya sowaka

Al practicar este set, establecerás una relación con los componentes Universales de la creación: los elementos. Estos elementos no son sólo físicos, son también espirituales. Esta práctica de Kuji es básica para el poder de manifestación. Visualízate estando en armonía con la naturaleza. Visualiza el flujo de Qi de la naturaleza hacia ti, y de ti hacia ella. Después de un rato, observa como aumenta tu consciencia de que la naturaleza está viva, y de que te puedes comunicar con ella. La naturaleza interactuará contigo dentro de los límites de las leyes de la naturaleza. Eventualmente, según mejores tu sensibilidad hacia la naturaleza, podrás desarrollar la habilidad de provocar una manifestación elemental, cuando tengas la maestría.

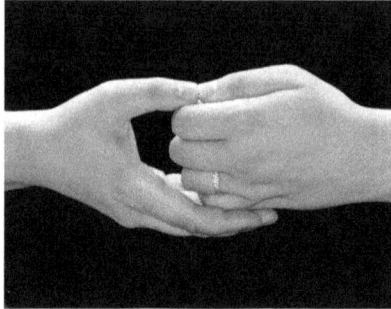

Apoya los nudillos de tu mano izquierda sobre los dedos de tu derecha, con la palma de la mano derecha abierta. Toca gentilmente la punta de tus dos pulgares.

Chakra: Corona

Mantra jp: On a ra ba sha no-o sowaka

La iluminación es el estado mental más elevado. La iluminación es un tipo Plenitud, lograda a través de la meditación. Usando esta práctica, eventualmente puedes desaparecer de las mentes comunes. Aún estarás ahí, por supuesto, pero otros con una mente común no podrán registrar tu presencia, porque tu vibración es más elevada que lo que sus mentes pueden reconocer e interpretar como real. Para practicar, imagínate derritiéndote en luz blanca. Se cree que ante la mitad de las personas serás invisible.

Se requieren muchas horas de práctica para elevar tu vibración lo suficiente como para manifestar los efectos secundarios, como la invisibilidad sugestiva.

Los 5 Elementos

Además de cargar en ti los Kanji de los cinco elementos, es necesario cargar la energía de los elementos en tu alma. Para esto, lo haremos como los magos budistas lo hacen, usando un mala. Un mala es un collar con semillas de madera de exactamente 108 semillas. Algunos tienen una cuenta 109 que no contaremos durante esta práctica. La expresión "recitar un mala" significa que recitarás, o hablarás rápido, un mantra determinado exactamente 108 veces, usando tu mala para contar. Usa tu dedo pulgar o mayor para contar las semillas. No debes usar tu dedo índice para pasar las cuentas mientras recitas los mantras.

Los cinco elementos son más que los elementos tangibles que pensamos cuando hablamos de tierra, fuego, espíritu, agua y aire. Los cinco elementos espirituales hacen referencia a su concepto, más que su manifestación física. Explicaremos el concepto a contemplar mientras cargas los mantras de los cinco elementos. Los siguientes conceptos son a lo que a mí me gusta referirme como los cinco elementos básicos, donde iremos al núcleo de su energía. Para cada uno de los cinco elementos, harás una carga del tipo 9 x 12, recitando 9 malas al día, o 35 minutos, cada día durante 12 días consecutivos. Usar un mala es más rápido que contar 35 minutos, cuando te acostumbras al mantra.

Cada uno de los mantras de los cinco elementos invocan la asistencia de conceptos Divinos a los que la mayoría de las personas se refieren como dioses. No se requiere la creencia de que hay actualmente personas humanas en la forma física de Bhumidevi, Agni, Avalokiteshwara, Tara, Cittaamala... Estos son representaciones de las fuerzas más elevadas actuando en el universo, y estos mantras usan el enfoque budista para invocar su intervención. No hay procesos elementales reales que no invoquen la ayuda de las fuerzas Divinas. Sin embargo, cada uno usará los nombres Divinos de acuerdo a su sistema de creencias. Daremos una explicación de cada mantra, y ofreceremos varias posibilidades, para que el estudiante llame las fuerzas Divinas usando los nombres que correspondan a su sistema de creencia.

Un estudiante me preguntó si se puede cargar más de un mantra a la vez. Si se puede, mientras sigas la siguiente regla. Cuando cargues mantras de series (como los elementos) debes estar seguro de empezar a cargar los mantras en orden para acabar de cargar cada mantra antes de que acabes el siguiente que le sigue. Empieza a cargar el mantra del fuego después de que hayas empezado a cargar el mantra de tierra, de manera que acabes el mantra del fuego después de terminar la carga de tierra. Esto también significa, que si cargas tierra y fuego en los mismos doce días, simplemente tendrás que hacer el mantra de la tierra primero, y el mantra del fuego después. Es igual para cargar los 9 mantras de Kuji-In (no hagas el mudra de Kuji-In mientras sostienes tu mala).

Tierra

La mayoría de las personas piensan en la tierra como símbolo de la estabilidad, mientras que el concepto espiritual de la tierra es generación. La estabilidad está más vinculada al símbolo de una roca, la cual es parte del elemento tierra. De la tierra nace la vida y contiene todos los metales que manejan los campos electro-magnéticos. La tierra incluye el concepto de estabilidad, pero va mucho más lejos. El elemento tierra es el elemento más importante que debemos mantener elevado en nuestro sistema energético. Es la base de la creación, y es también la base de la salud mental. ¿Has visto alguna vez a una persona "anclada a tierra" con problemas mentales? La mayoría de las personas con enfermedades mentales no están bien conectadas con el elemento tierra.

Mientras cargas el elemento de tierra, o simplemente al recitar el mantra, piensa en el aspecto de dar vida, la generación de plantas, y el soporte de los campos electro-magnéticos. El elemento tierra estabilizará y purificará tu Chi, tu energía de vida. Generará círculos protectores alrededor tuyo, a nivel físico y espiritual.

El mantra de la tierra: Om prithividhatu Bhumideviya

Om: Sílaba Divina

Prithivi: tierra,

Dhatu: naturaleza de, aspecto de

Bhum: tierra, el planeta

Devi: divinidad

Ya: asociación gramatical

El mantra de la tierra invoca la energía de la naturaleza terrenal del ser divino que es nuestro planeta. Todas las tradiciones pueden recitar este mantra y respetarán su tradición. La traducción al español sería algo así como "la naturaleza terrenal del dios Tierra".

Una vez que hayas cargado el mantra de la tierra, serás capaz de invocar energías protectoras cada vez que recites el mantra mentalmente o en voz alta. Tu salud mental aumentará. Tu paranoia desaparecerá. Tu Chi/ fuerza vital fluirá armoniosamente en tu cuerpo. El elemento tierra es esencial antes de que podamos proceder a otros entrenamientos que implican la interacción con el mundo material.

Fuego

El elemento fuego NO es el concepto de quemar y destruir, aunque puede ser usado para este propósito, mayoritariamente en procesos de purificación. La forma real del elemento fuego no es destructivo. El fuego toma materia de un determinado nivel vibracional, y lo lleva a otro nivel más elevado. El fuego eleva las energías. Purifica las energías densas y las transforma en una naturaleza superior, desbloqueando tu circuito energético. El fuego también trae cambio y renovación.

En la naturaleza, podemos observar como el fuego transforma componentes sólidos en líquidos o gaseosos. Altera la estructura molecular y la formulación química de los componentes. El fuego genera energía, y hace cualquier otro proceso más poderoso.

Mientras uses el mantra del fuego, contempla el poder generando fuerzas, y el efecto elevador.

El mantra del fuego: Om Tejasdhatu Agnaya

Om: Sílaba Divina

Tejas: Poder, energía, fuerza asociada al fuego

Dhatu: naturaleza de, aspecto de

Agni: Fuego, ambos la forma y la Divinidad (aquí Agnaya)

Ya: asociación gramatical

Agni no es una Divinidad limitada a ninguna tradición. Es más popular en la tradición hinduista, pero solo significa fuego, en la forma de una fuerza natural inteligente. El fuego es la fuerza más poderosa en la naturaleza. Este mantra significa algo así como "la Poderosa naturaleza del Fuego". En sánscrito a veces se escribe Fuego usando la palabra "tejas" y otras "agni".

Cielo

El elemento cielo es el de naturaleza espiritual más elevado. Invoca la acción de Dios en tu vida. Es el elemento espiritual. Es la herramienta de toda actividad espiritual. Cargar este mantra eleva tu consciencia. Si todavía no has nacido (existir completamente) en la realidad espiritual, este mantra acelerará el proceso.

El mantra del Cielo: Om Akashadhatu Avalokiteshwaraya

Om: Sílaba Divina
Akahsa: Cielo, realidades espirituales
Dhatu: naturaleza de, aspecto de
Avalokiteshwara: Bodhisattva de la compasión
Ya: asociación gramatical

Avalokiteshwara es el tercer concepto personalizado de la Santa Trinidad, en el budismo. Donde los cristianos dicen "Padre, Cristo, Espíritu Santo", los hinduistas dicen "Bramha, Vishnu,

Shiva". Los budistas verán la Trinidad de sus conceptos en "Amitabha, Mahastamaprapta, Avalokiteshwara".

Si te sientes incómodo rezándole a Avalokiteshwara con el mantra budista, puedes recitar el mantra usando el nombre del Espíritu Santo Cristiano, dicho en sánscrito de la siguiente manera:

Om Akashadhatu Baghavaatman

O usando el equivalente en la tradición hindú:

Om Akashadhatu Shivaya

Agua

En el agua, la vida nace. El agua es la substancia base en la que toda vida se desarrolla. El agua modela la tierra. El agua es el elemento que representa el vientre del universo. Todo está dentro de una forma de agua, de una naturaleza más elevada que lo engloba, lo penetra e impregna el universo entero. No hay materia que exista sin esta agua primitiva. Es la luz infinita de la creación, en la forma tangible. Es la base constituyente de Chi y la fuerza de la vida.

El proceso del agua te conecta con la vida, movimiento, y con el universo. Es en esta agua primitiva que nosotros extendemos nuestra conciencia. Cargar el mantra del agua nos conecta con el flujo de la vida. Purifica nuestro cuerpo, corazón y mente. Calma nuestros dolores, nos cuida.

El mantra del Agua: Om Apsadhatu Taraya

Om: Sílaba Divina

Apsa: agua

Dhatu: naturaleza de, aspecto de

Tara: madre Divina

Ya: asociación gramatical

El nombre de Tara(ya) puede ser cambiado al nombre cristiano de la madre Divina, María(ya), o el nombre hindú Durga(ya).

Una vez que hayas cargado el mantra del agua, el efecto estará disponible para ti de forma natural. Tu nivel de energía (vida) se incrementará. Tu corazón estará más estable, mientras que tu mente será más flexible. Cargar el mantra del agua le dará un gran empuje a tu habilidad sanadora. Soporta todas las manifestaciones.

Aire

Es a través del aire que la información es compartida, y el movimiento tiene lugar. El aire soporta todo tipo de vibraciones alterándolas lo mínimo. El aire permite el paso de la luz. El aire es donde el sonido viaja. El mantra del aire abre tu mente y otros sentidos a la información. Te ayuda a percibir en todos los aspectos. También forma parte de cualquier tipo de viaje y movimiento. El mantra del aire también liberará tu mente de pensamientos limitantes. Ampliará tu percepción del universo y de ti mismo.

El mantra del Aire: Om Vayudhatu Cittaamalaya

Om: Sílaba Divina

Vayu: aire / viento

Dhatu: naturaleza de, aspecto de

Cittaamala: mente-pura

Ya: asociación gramatical

La mente es como un mono, siempre saltando por todos lados. Debemos lograr la maestría de nuestra mente para que nuestros pensamientos estén enfocados. El dios mono hindú Hanuman no es una persona, sino una representación de la mente dominada, o de la mente bajo nuestro control, y dominada por nuestro Espíritu. Los hindú usarán el nombre de Hanumanta(ya), que es el hijo del Dios Mono, invocando una mente estable y pura.

Cargar los cinco elementos puede llevarte tan poquito como 60 días, si haces 9 malas al día durante 12 días, de los cinco elementos seguidos. Cargar los cinco elementos despertará cada aspecto de tu espiritualidad. Dará sabiduría biológica a tu cuerpo.

Abrirá las puertas espirituales, eliminará bloqueos, purificará energías.

Los cinco elementos son una parte importante para enseñar a tu mente, tu corazón y tu cuerpo, a interactuar con la naturaleza e ir más allá de su ilusionaria limitación. La naturaleza fue creada con los conceptos espirituales de los cinco elementos y aún continua siendo operada por las fuerzas elementales.

Cargar los cinco elementos te dará las herramientas básicas requeridas para avanzar mucho más rápido en cualquier otro entrenamiento que estés haciendo; físico, mental o espiritual. Una vez que hayas cargado los cinco elementos, se recomienda hacer malas de activación o de apoyo de vez en cuando, para mantener sus energías activas e intensas en tu cuerpo. De vez en cuando, haz cinco malas seguidos, uno por cada elemento de los cinco elementos.

Los cinco elementos deben estar completamente cargados antes de que puedas comenzar a usarlos. Hasta que sepas como usar estas energías mantenlas sólo para ti. Estas energías soportarán cualquier otra acción espiritual que hagas. Una vez que hayas aprendido los beneficios de las energías elementales, puedes usarlos para tratar a otras personas que carecen de estas energías, a través del tacto o de la trasmigración. Después de un tratamiento, debes purificar tu propia energía.

Gráfico Hiragana

	A	I	U	E	O
	あ	い	う	え	お
K	か	き	く	け	こ
S	さ	し	す	せ	そ
T	た	ち	つ	て	と
N	な	に	ぬ	ね	の
H	は	ひ	ふ	へ	ほ
M	ま	み	む	め	も
Y	や		ゆ		よ
R	ら	り	る	れ	ろ
W	わ	ゐ		ゑ	を
N					ん

Gráfico Katakana

	A	I	U	E	O
	ア	イ	ウ	エ	オ
K	カ	キ	ク	ケ	コ
S	サ	シ	ス	セ	ソ
T	タ	チ	ツ	テ	ト
N	ナ	ニ	ヌ	ネ	ノ
H	ハ	ヒ	フ	ヘ	ホ
M	マ	ミ	ム	メ	モ
Y	ヤ		ユ		ヨ
R	ラ	リ	ル	レ	ロ
W	ワ	ヰ		ヱ	ヲ
N					ン

www.ingramcontent.com/pod-product-compliance
Lightning Source LLC
Chambersburg PA
CBHW060554100426
42742CB00013B/2560